OS ELEMENTOS RETÓRICOS NAS DECISÕES JUDICIAIS:

uma análise da Ação Penal nº 470 do Supremo Tribunal Federal

Bibiana Maurílio Campos
Mariane Ferreira de Andrade

OS ELEMENTOS RETÓRICOS NAS DECISÕES JUDICIAIS:

uma análise da Ação Penal nº 470 do Supremo Tribunal Federal

1ª Edição
Goiânia

ANGELIA
EDITORA
2024

Dados Internacionais de Catalogação na Publicação (CIP)
(Câmara Brasileira do Livro, SP, Brasil)

Campos, Bibiana Maurílio
Os elementos retóricos nas decisões judiciais: uma análise da ação penal nº 470 do Supremo Tribunal Federal / Bibiana Maurílio Campos, Mariane Ferreira de Andrade. -- 1. ed. -- Goiânia, GO : Angelia Editora, 2024.

57 p.

Bibliografia.
ISBN 978-65-83134-47-9

1. Ação penal - Brasil 2. Brasil. Supremo Tribunal Federal 3. Direito processual - Brasil 4. Juízes - Decisões - Brasil I. Andrade, Mariane Ferreira de. II. Título.

24-240510 CDU-347.951.012

Índices para catálogo sistemático:

1. Decisões judiciais : Interpretação : Direito processual
347.951.012

Aline Graziele Benitez - Bibliotecária - CRB-1/3129

SUMÁRIO

Bibiana Maurílio Campos e Mariane Ferreira de Andrade

1. INTRODUÇÃO

A Retórica é um instrumento de linguagem amplamente utilizado nas mais diversas espécies de discursos, sendo intrínseco a muitos deles. Preliminarmente, cumpre ressaltar que sua aceitação enquanto elemento da filosofia foi algo bastante conturbado, que só foi alcançado anos depois de sua própria criação, tendo sido, durante muito tempo, mal interpretada como um recurso falacioso.

É necessário, para que se compreenda o instrumento que aqui se alude, o destaque dos três elementos que o compõe – *éthos, páthos e lógos.* O primeiro visa ressaltar as características pessoais do orador que o utiliza, a fim de usá-las como argumento de persuasão. O segundo diz respeito ao sujeito passivo, ao auditório que recebe o discurso feito pelo orador, logo, visa persuadir através de argumentos que serão facilmente aceitos pelo seu público alvo. Por fim, o terceiro é o elemento racional da retórica, que contém os argumentos propriamente ditos, dotados de lógica e ciência.

Dito isto, pode-se dizer que a má interpretação da retórica se deve ao fato de que, muitos estudiosos, com ênfase em Platão, a via, exclusivamente, sob a perspectiva de seus elementos subjetivos: *éthos e páthos.*

Aristóteles, porém, discordando da visão que seu mestre, Platão, tinha da retórica, concedeu a esta uma roupagem de racionalidade e a inseriu no âmbito da filosofia, propondo que esta seria a "arte de persuadir pelo discurso". O renomado filósofo foi capaz de separar o instrumento do indivíduo que o maneja, de modo que se a retórica foi, por muitos séculos, mal utilizada, isto se deve ao orador e não à técnica de linguagem em si.

Partindo do estudo destes três elementos, bem como do estudo da justiça combinada com a virtude da prudência, se analisará, de maneira não exaustiva, a presença dos elementos retóricos na Ação Penal nº 470, assim como a subjetividade com que a justiça está sendo aplicada pela Suprema Corte.

2. A RETÓRICA

2.1 A ORIGEM DA RETÓRICA

A retórica em sua origem e mesmo hodiernamente, para muitos, é considerada um recurso falacioso e duvidoso, como uma espécie de falso argumento, pra não dizer falta do mesmo. O sentido pejorativo da retórica ainda predomina e decorre, acima de tudo, da sua má compreensão, da sua marginalização enquanto elemento da filosofia. Aliás, para Platão, a retórica era considerada a própria antítese da filosofia, já que enquanto aquela se dedicava a manipulação pelo discurso, esta se encarregava de libertar os indivíduos desta mesma manipulação.

Ela surgiu na Sicília e teve como primeiro propósito a defesa dos proprietários que haviam sido privados de suas propriedades durante a tirania e que visavam, com o fim da mesma, recuperá-las através de um discurso retórico. Os advogados que patrocinavam a causa eram denominados de sofistas. Logo, esses advogados começaram a patrocinar causas menos nobres, isto é, começaram a usar a retórica com o único fim de persuadir, sem se importar se a causa era justa ou não. (MEYER, 2007, p. 19).

Segundo Michel Meyer (2007, p.19):

> A condenação de Platão foi determinante na história da retórica. Ora assimilada à propaganda, ora à sedução, a retórica tem sido, a partir daí, frequentemente reduzida à manipulação dos espíritos pelo discurso e pelas ideias, enquanto à filosofia coube liberá-los, como aos prisioneiros da caverna.

O problema da má compreensão da retórica está, principalmente, no fato de que se julga o instrumento utilizado no discurso pelo orador que o profere, e não pelo instrumento em si. Desta forma, o mau uso da retórica durante séculos, acabou por torná-la o próprio mal.

Para Aristóteles *apud* Michel Meyer (2007, p. 20):

> [...] a retórica é o inverso necessário da ciência: esta confere certeza em suas conclusões, mas um bom número de questões da vida cotidiana, assim como da vida intelectual, não oferece certeza alguma. Devem estas, em virtude disso, sair do campo da razão? As opiniões divergem, os pontos de vista se enfrentam e, na política, assim como na moral, os indivíduos tem modos de pensar divergentes e legítimos. É verdade que podemos manipular, enganar, mas também podemos aderir de boa-fé e com convicção a proposições não necessariamente compartilhadas por outros.

A retórica, portanto, é um recurso necessário, uma ciência capaz de preencher o vazio da incerteza, ela é elemento essencial no cotidiano e indispensável em cada discurso que proferimos. O sensato filósofo reconhece que todo bem é suscetível de ser mal usado, e isso em nada o diminui, ele concede à retórica, portanto, um valor positivo, mas não absoluto.

Olivier Reboul (2004, p. XIV), seguindo a mesma linha de raciocínio de Aristóteles, propõe que a retórica é "a arte de persuadir pelo discurso", e concede ao discurso um vasto alcance, que abrange a produção verbal, escrita e oral. É importante salientar que, para ele, a persuasão, quando se trata de retórica, deverá levar o indivíduo a verdadeiramente crer naquilo que está sendo discursado, não bastando uma aceitação proveniente de qualquer outra motivação que não a própria argumentação.

> Pode-se dizer, por exemplo, que alguém persuadiu alguém a fazer alguma coisa por ameaça ou promessa, e que nisso residia toda a eficácia de sua argumentação. Resposta: é verdade que se pode falar de eficácia, mas não de argumentação. Esta visa sempre a levar a crer. (REBOUL, 2004, p. XV).

As principais definições de retórica são dadas por três diferentes filósofos e retrata com clareza como a sua função toma perspectivas diferentes a depender do observador. Enquanto para Platão a retórica é "a manipulação do auditório", para Quintiliano ela é a "arte do bem falar". Já Aristóteles, entende que a retórica é a "exposição de argumentos ou de discursos que devem ou visam persuadir". (MEYER, 2007, p. 21).

A partir dessas definições conclui-se que a retórica possui três dimensões presentes em qualquer discurso, o auditório a quem se dirige a palavra, o orador que transmite a palavra e, por fim, o próprio conteúdo da palavra, ou seja, os argumentos que se visam transmitir.

Tomando por base a definição de Platão, a retórica se caracteriza pelo discurso emotivo, que visa persuadir o público destinatário, como é o caso da política, da propaganda e da publicidade. Segundo Quintiliano, o centro do discurso retórico é o orador que o profere, ou seja, suas características pessoais serão o principal instrumento de persuasão. Por fim, considerando a visão de Aristóteles, a retórica nada mais é do que o conjunto de instrumentos capazes de, com argumentos, persuadir o público a que se dirige.

Extraem-se, a partir dessas diferentes visões sobre a retórica, seus três elementos constitutivos: *páthos, éthos e lógos*. O *páthos* é o auditório que se submete ao orador e aos seus argumentos (ou falta deles), é o elemento passivo da retórica, que se deixa guiar por suas paixões e convicções individuais. O *éthos*, que quer dizer ética, é a palavra que diz respeito ao orador, que será o próprio argumento do discurso proferido. Este elemento está diretamente relacionado ao modo de vida que o orador possui. (MEYER, 2007, p. 22, 23).

Quintiliano *apud* Michel Meyer (2007, p. 23):

> "[...]a retórica é a ciência do bem-dizer, pois isso reúne ao mesmo tempo todas as perfeições do discurso e a própria moralidade do orador, uma vez que não se pode verdadeiramente falar sem ser um homem de bem".

Logo, para que o discurso seja legítimo, o indivíduo que o profere deverá ter um comportamento exemplar em sociedade, pois só assim terá autoridade moral para discursar. Portanto, mais importante que escutar suas palavras, é observar o seu comportamento.

O *lógos*, por outro lado, é o elemento que se revela como o argumento em si, baseado em instrumentos de linguagem e racionalidade, traduzindo exatamente a visão que Aristóteles possuía da retórica, ou seja, a terceira definição. Dos três elementos, é este último que irá definir o discurso e, portanto, a própria interpretação da retórica.

Entretanto, para Aristótles, o *lógos* não está a salvo de paixões, não é puro enquanto elemento racional, uma vez que a persuasão poderá ser motivada por argumentos racionais e lógicos ou por um discurso emotivo e eloquente.

> Mas é o lógos que faz a diferença entre o discurso racional e aquele que provoca paixões, criando a emoção e chegando mesmo a fazer com que a razão seja esquecida. A retórica, para Aristóteles, é um discurso que um orador possui e que é adequado a persuadir um auditório, ou a comovê-lo. (MEYER, 2007, P. 22).

Diferente do que entendia Aristóteles, para Perelman, o lógos é tão somente argumentativo, desprovido de qualquer recurso poético, isto é, não cabe aqui o uso de paixões para convencer o auditório. (MEYER, 2007, p. 24).

A diferença em ambas as concepções é bastante compreensível, considerando que Aristóteles encontrava-se, mesmo que de forma inconsciente, influenciado pelo pensamento de seu mestre, Platão. Já Perelman, estava livre das amarras platônicas no que se refere à interpretação da retórica e, consequentemente, de seus elementos.

A verdade é que essas conceituações não se excluem, mas se completam, e o que defini a retórica, ao final, é a sobreposição de um desses elementos na fala do interlocutor. Cada definição enfatiza e valoriza uma face da retórica, a primeira evidencia o auditório, a segunda ressalta a importância do orador e a terceira, a relevância dos argumentos e da linguagem. Esta última é a parte da retórica que é esquecida, é aquela que proporciona a este recurso a roupagem de racionalidade e objetividade. (MEYER, 2007, p. 22).

Assim afirma Michel Meyer (2007, p. 25):

> "[...]o éthos, o páthos e o lógos devem ser postos em pé de igualdade, se não quisermos cair em concepção que exclua as dimensões constitutivas

da relação retórica. O orador, o auditório e a linguagem são igualmente essenciais.

Reboul, em consonância com o que já foi descrito, também enxerga a retórica como um instrumento complexo que não se satisfaz por uma definição estanque, mas que deve ser analisada a partir de todas as suas facetas. Para tanto, atribui à mesma três funções: persuasiva, hermenêutica, heurística e pedagógica. A primeira decorre de sua própria definição enquanto instrumento apto a persuadir o sujeito passivo. A persuasão nem sempre se dará por um discurso racional e argumentativo, por vezes, poderá ser alcançada através de comoção. Observa que, quando o discurso visa persuadir por meio da emoção, ele tem por base a ênfase nas características pessoais de seu orador (*ethós*) e os desejos e necessidades do sujeito passivo a quem se dirige *(páthos)*. Em suma, para o filósofo francês, o discurso persuasivo poderá ser argumentativo (quando seu instrumento for a razão) ou oratório (quando seu instrumento for a comoção). (REBOUL, 2004, p. XVII e XVIII).

A primeira função é o ponto de encontro entre a definição de Aristóteles e de Olivier Reboul. Para este último, no entanto, ainda deve-se levar em conta as outras funções que, embora não sejam predominantes como a persuasiva, também constituem a retórica.

A função hermenêutica provém de uma visão mais ampla, na qual se deixa de observar o *éthos*, o *páthos* e o *lógos* de forma isolada, para entendê-los em um contexto geral, já que não existe apenas um orador, mas vários, e o discurso de um influencia diretamente no do outro. Aqui, o foco deixa de ser a produção do discurso e passa a ser a sua interpretação, e a melhor forma para de se fazer isso é colocar-se no lugar do sujeito passivo.

> Ora, para ser persuasivo, o orador deve antes compreender os que lhe fazem face, captar a força retórica deles, bem como seus pontos fracos. Esse trabalho de interpretação é feito por todos de modo mais ou menos espontâneo. (REBOUL, 2004, p. XIX).

A função heurística, pode-se dizer, é a que guarda maior cunho filosófico, estando voltada para a descoberta. Busca-se, por meio da retórica, encontrar respostas para aquela zona cinzenta na qual a ciência não ousa se aventurar, aquela zona onde a certeza não é preestabelecida, às vezes vem com o tempo, às vezes nunca. A retórica, nesse contexto, irá proporcionar decisões possivelmente acertadas.

A função pedagógica, por fim, é aquela que existe em quase a totalidade dos discursos, mesmo que seja involuntariamente, a arte de ensinar está impregnada pela lógica retórica.

> Ensinar a compor segundo um plano, a encadear os argumentos de modo coerente e eficaz, a cuidar do estilo, a encontrar as construções apropriadas e as

> figuras exatas, a falas distintamente e com vivacidade, não serão retórica, no sentido mais clássico do termo? (REBOUL, 2004, p. XXII).

2.2. DIALÉTICA E RETÓRICA

A dialética, assim como a retórica, também foi, durante muito tempo, esquecida da terminologia da filosofia científica, em razão de também ser interpretada de forma errônea. Pode-se dizer que foi banida por não ser puramente matemática. Ora, o grande erro que se nota ao longo da história é tentar transformar a filosofia em ciência exata – algo que ela jamais será. Tal como ocorre com o nosso ordenamento jurídico, no qual já restou bem claro que não pode ser constituído apenas por regras, que visam julgar e diferenciar, de forma preestabelecida, o certo do errado; a filosofia também não pode contar tão somente com instrumentos absolutos e providos de certeza.

Inicialmente, Platão seccionou a dialética em três ramos: a lógica, a arte de discutir e a metafísica. Com o tempo, apenas a lógica prevaleceu, isto porque os outros dois ramos foram subestimados pelos lógicos contemporâneos por serem considerados não formais. A verdade é que, para Platão e outros dialéticos, o ramo que predomina na seara da dialética é a arte de discutir e, por essa razão, apenas é necessária utilizá-la quando não há evidência sobre o assunto discutido.

Para Chaïm Perelman (1999, p. 6):

> Quando existe um critério, o cálculo ou a experiência, para dirimir as contendas, as discussões são supérfluas e a dialética não está em seu lugar. Ao contrário, ela é indispensável na ausência de tal critério, quando não este não pode pôr fim ao desacordo mediante técnicas aceitas.

Percebe-se que assim como ocorre com a retórica, a dialética ganha espaço diante do vazio da incerteza, em discussões abstratas que não podem ser encerradas com instrumentos exatos e incontestáveis, é o que ocorre, por exemplo, na discussão do que é justo ou injusto. Da mesma forma, assim como na retórica, na dialética é necessário que haja uma comunhão de todos os seus elementos constitutivos, principalmente da lógica, pois sem a sua presença ter-se-á uma discussão vazia de argumentos e farta em estilo de linguagem.

A diferença essencial entre retórica e a dialética, para Plantão, é que enquanto a primeira busca sua força de persuasão no conjunto da obra, a segunda se constrói aos poucos, permitindo, com isso, que os argumentos se solidifiquem individualmente e tenham força por si mesmos.

Conforme os ensinamentos de Chaïm Perelman, na dialética platônica:

> [...] o raciocínio avança passo a passo, e cada passo deve ser testado e confirmado pela

> concordância do interlocutor. Só se passa de uma tese para a seguinte quando a adesão daquele a quem se dirige garante a verdade de cada elo de argumentação." (PERELMAN, 1999, p.47)

Sendo assim, o discurso retórico é dependente do efeito que o conjunto de seus argumentos o consagra, podendo ser desconstruído de uma só vez, enquanto o diálogo, que é construído passo a passo, pode ter um de seus argumentos invalidados e ainda sobreviver.

O fato é que, seguindo o raciocínio de Platão, no diálogo, não há um elemento passivo que está disposto a ser persuadido pelo discurso, pelo contrário, consiste em duas pessoas que buscam compreensão sobre determinado assunto e podem ser convencidas, não persuadidas. Ressalta-se que a persuasão nem sempre ocorrerá pela razão, enquanto, para convicção, os argumentos lógicos são os únicos que importam.

No entanto, Pareto, buscando desacreditar a interpretação que Platão faz do diálogo, observa que nem sempre o resultado da dialética platônica será a verdade, haja vista que, assim como o discurso retórico é passível de manipulação, o diálogo também pode ser conduzido pelo mais sagaz e, consequentemente, manipulado para um resultado diferente da verdade.

Pareto *apud* Chaim Perelman (1999, p.48):

> O excelente Platão tem uma maneira simples, fácil, eficaz, de obter o consentimento universal ou, se

> preferirmos, o dos sábios: faz que um interlocutor de seus diálogos e o conceda, fazendo-o dizer o que quer; de modo que esse consentimento é, no fundo, apenas o de Platão e somente é admitido sem dificuldade por aqueles cuja imaginação ele lisonjeia.

Aristóteles, por outro lado, reconhece a importância da dialética, tal como faz com a retórica, demonstrando que esta é o caminho inevitável para se alcançar um raciocínio dedutivo. Antes que se chegue a um consenso sobre determinado tema, será necessário recorrer às provas dialéticas, mesmo que o diálogo se concretize em torno de um único indivíduo. (PERELMAN,1999, p.49).

O filósofo em questão, mais uma vez, demonstra ser capaz de julgar o instrumento por si próprio, isolando de sua definição a motivação do sujeito ativo que o utiliza. Esta motivação é que irá diferenciar o diálogo erístico do crítico. Enquanto o primeiro é aquele no qual o indivíduo está preocupado em fazer prevalecer o seu ponto de vista a qualquer custo, o segundo consiste em uma discussão racional e coerente, na qual todos os envolvidos buscam um resultado crítico e construtivo.

Segundo Perelman (1999, p.52, 53):

> O método dialético, tal como se manifesta no diálogo, apresenta a particularidade de que nele as teses examinadas e as conclusões adotadas não são evidentes, nem fantasias, mas representam

opiniões que, em determinado meio, são consideradas mais sólidas. É esse aspecto da argumentação dialética que permite considerar os interlocutores dessa espécie de diálogo não como simples defensores de seu ponto de vista pessoal, mas como expressão da opinião "razoável" de seu meio.

3. INTERPRETAÇÃO DA JUSTIÇA CONFORME CHAÏM PERALMAN

É interessante a forma como se lida com a justiça e é irônico pensar que tanta injustiça já foi feita sobre o pretexto de se está fazendo justiça. São nesses tipos de discussões, são em tais zonas, despidas de exatidão e de certeza, que a retórica se torna um instrumento perigoso quando utilizada por oradores não tão nobres.

A subjetividade de conceitos tais como justiça e moral é algo bastante complexo, tendo em vista que pode proporcionar tanto um bem maior, quanto atrocidades injustificáveis. É nesse espaço de transição que se deve observar com objetividade e cautela o discurso proferido, sob pena de se deixar enganar pela máxima maquiavélica ("os fins justificam os meios") ou mesmo por sentimentos intrínsecos ao ser humano, como vingança, ódio, rancor e tantos outros guardados por detrás do véu da racionalidade.

É buscando aprofundar e esclarecer este conceito nebuloso e confuso que Chaïm Perelman (2002, p. 146), com exemplo, assim expõe a justiça:

> Cada vez que um conflito opõe adversários, tanto nos tribunais como nos campos de batalha, os dois campos reclamam a vitória da causa justa. E, se uma voz neutra pleiteia o fim do conflito, graças a

> uma decisão justa ou pela conclusão de uma paz justa, ninguém a acusará de parcialidade, pois cada qual está convencido de que a justiça triunfará com a vitória de sua própria causa.
> Essa situação paradoxal não deve incentivar-nos a concluir imediatamente que, em todos os conflitos, pelo menos um dos adversários age de má-fé. Outra explicação é não só possível , mas também a mais verossímil, a saber: os campos opostos não tem a mesma concepção da justiça. Após ter mostrado que a justiça é um valor universal, ou seja, universalmente admitido, urge assinalar que é também uma noção confusa.

Citando Aristóteles, Perelman observa que nem sempre a justiça poderá ser traduzida a partir de conceitos predefinidos como, por exemplo, igualdade. Um tratamento igualitário muitas vezes pode não corresponder a um tratamento justo, sendo essencial verificar outros aspectos além da igualdade.

> Com efeito, se o ato justo é aquele que reserva um tratamento igual a todos os que são iguais, o comportamento de um diretor de escola que trata com a mesma dureza de coração todos os seus alunos será justo, porém cruel; em contrapartida o juiz que, por piedade, absolve um réu culpado de um delito, será formalmente injusto, ainda que seja caridoso. (PERELMAN, 2002, p. 148).

O conceito de justiça, assim como tantos outros, é algo relativo e, por mais que se busque uma definição imparcial e objetiva, nunca se chegará a um consenso universal no que se refere a todos os seus aspectos, isto porque pode-se até se definir a justiça, mas, diante de um caso concreto, sempre haverá divergências. Por óbvio, não se deve descartar a análise da igualdade quando da averiguação do que é ou não justo, o que não pode acontecer é definir a justiça tão somente com base nesse conceito. Não se pode negar que tratar iguais com igualdade é algo intrínseco ao preceito basilar do que estamos acostumados a denominar de justiça.

Importante ressaltar, ainda, que a igualdade deverá ser interpretada sempre como semelhança, considerando que nenhum ser humano é idêntico ao outro. Também é preciso atentar para o fato de que as diferenças, muitas vezes, serão maiores que as semelhanças, remetendo a designação de tratamento desigual para se alcançar a igualdade material e, consequentemente, a justiça.

A princípio, a justiça é encarada como conformidade à lei, porque parte-se do pressuposto que toda lei é justa, tendo em vista que esta é baseada nos costumes daqueles que estão a ela submetidos. Ocorre que, como bem observa Chaim Perelman, o costume é algo que nem sempre é construído de forma legítima, ele é, muitas vezes, resultado do conformismo de uma minoria que se encontra inerte sobre o domínio da maioria. Em épocas passadas, de forma ainda menos legítima, o costume representava somente a conveniência de uma minoria detentora do poder. Logo, a lei não é um produto sempre justo, é apenas o reflexo dos costumes sociais.

Dito isto, relevante se faz a análise da conjugação entre justiça e prudência, abordando esta última virtude não só como um conceito autônomo, mas também como o próprio elemento constitutivo da primeira. A justiça não deve ser encarada apenas como bondade ou caridade, mas, acima de tudo, como uma virtude racional e motivada, pois, caso contrário, cairia no vazio das opiniões, do sentimentalismo e da parcialidade. A prudência é justamente o elemento racional da justiça, que permite que o indivíduo diferencie o bem do mal, e escolha o meio mais justo (menos oneroso) para alcançar o primeiro e a afastar o segundo. Arrisca-se a dizer que a prudência é a virtude orientadora dos princípios da razoabilidade e da proporcionalidade, tão difundidos hodiernamente.

> "A ação justa deve dar provas de uma racionalidade que faltaria ao ato que fosse apenas caridoso." (PERELMAN, 2002, p. 157).

Portanto, para que seja possível concretizar verdadeiramente a justiça (entendia de forma igualitária e prudente) é necessário que o discurso que a veicule seja eivado de técnicas de demonstração, verificação e justificação. Segundo Perelman (2002, p. 264), a demonstração ocorre a partir da exposição de princípios que se aplicam ao caso a ser analisado; a verificação é a própria análise da evidência, que irá adicionar ao discurso um caráter de seriedade; e a justificação é justamente o pilar do discurso que terá seus argumentos devidamente demonstrados e verificados. É possível vislumbrar que os dois primeiros recursos argumentativos devem ser colocados em uma sequência lógica, partindo-se do mais abstrato (demonstração) para o menos abstrato (verificação), de modo a alcançar uma justificação coerente.

Todos os instrumentos de argumentação serão essenciais em qualquer discurso racional, porém, serão indispensáveis em discursos racionais que se afastam da evidência, da experiência e da exatidão. Isto porque, quanto maior a abstração de um tema, maior a necessidade de que o argumento que o sustente seja convincente e lógico. Ressalta-se que a abstração não tem o condão de tornar um discurso menos racional.

Em um discurso jurídico, essas técnicas de demonstração e verificação serão essenciais para evitar que direito, moral e religião se confundam, como ocorria nas sociedades primitivas, nas quais o sistema jurídico era baseado, principalmente, no direito consuetudinário ou emanante de uma autoridade soberana, isto é, um direito desprovido de lógica e ciência. Neste âmbito é que o uso desequilibrado da retórica se faz extremamente presente, uma vez que onde o direito se confunde com a moral e a religião, as emoções também se confundem com a razão, e a autoridade com a veracidade daquilo que por ela é alegado. (PERELMAN, 2002, p. 420).

Por óbvio, o direito, tal como a retórica, não está livre de influências exteriores, não está livre das experiências cotidianas ou dos princípios morais intrínsecos aos seres humanos, não são sistemas isolados e independentes dos elementos fornecidos pelo contexto social. A bandeira que aqui se empunha não é de que a retórica e o sistema jurídico sejam meros sistemas formais, mas de que se aproximem destes na medida do possível, considerando que a experiência histórica já nos provou que os sentimentos humanos podem ser bastante perigosos quando dotados de certo poder.

> Com efeito, mesmo que se reconheça o papel específico do direito, a busca da segurança jurídica, a busca de um consenso social não lhe permite desprezar os valores que ele compartilha com a moral e a política, a saber: a justiça e o bem comum ou o interesse geral."(PERELMAN, p. 423-424, 2002).

Percebe-se que, quando se diz que o direito deve considerar, em sua aplicação, certos valores que ele compartilha com a moral e a política, não se está fazendo referência a valores individuais, mas àqueles valores aceitos por toda uma sociedade, valores já consagrados como essenciais ao convívio e à paz social e já incorporados à própria lógica jurídica, como é o caso da justiça.

Aliás, o direito nada mais é do que o instrumento que visa solucionar controvérsias entre valores. Em uma decisão judicial, o magistrado sempre irá se deparar com valores contrapostos, que, a princípio, se contradizem. Como resultado deste conflito, tem-se a busca incessante por uma decisão que seja justa, e isto é algo bastante complexo quando se considera que ambas as parte acreditam estar com a razão. Daí a importância de que os 'argumentos sejam lógicos, mas também valorativos, já que, ao final, todo conceito tem sua carga valorativa. A decisão, porém, como síntese, deverá sempre ser dotada de argumentos lógicos, sob pena de ser puramente moral e impregnada por crenças individuais.

Por todo o exposto é que Chaïm Perelman propõe a aplicação de "uma nova retórica" na argumentação jurídica:

> Como a argumentação é essencialmente adaptação ao auditório, mostra-se indispensável um conhecimento deste. Na medida em que o juiz busca uma solução aceitável para os pleiteantes, para seus superiores e para a opinião pública esclarecida, ele deve conhecer valores dominantes na sociedade, suas tradições, sua história, a metodologia jurídica, as teorias que nela são reconhecidas, as consequências sociais e econômicas deste ou daquele posicionamento, os méritos respectivos da segurança jurídica e da equidade na situação dada. (PERELMAN, 2002, pág. 468).

Os princípios (que possuem ampla carga valorativa), assim como todas as técnicas de argumentação que os motivam ou os sucedem fazem parte do que se denomina de raciocínio teórico, que deverá ser, obrigatoriamente, questão de fundo de todo e qualquer raciocínio prático proferido. Conforme Perelman (2002, p. 278), entende-se por raciocínio prático todo aquele que depende da vontade humana para se formar, como é o caso das decisões judiciais.

4. A PRESENÇA DESIQUILIBRADA DOS ELEMENTOS RETÓRICOS *(PÁTHOS, ÉTHOS E LÓGOS)* NAS DECISÕES JUDICIAIS COMTEMPORÂNEAS

Ante todo o debate que vem sendo proposto ao longo dos capítulos anteriores, mister se faz agora sua aplicação prática, isto é, sua demonstração e verificação na seara das decisões judiciais pátrias, mais especificamente nas decisões proferidas pela Suprema Corte no âmbito da Ação Penal nº 470, vulgarmente conhecida como "Mensalão", em que se apurou, em linhas gerais, esquemas de corrupção envolvendo agentes políticos. É possível observar com clareza a preocupação precípua com a aceitação do jurisdicionado (páthos) e a marginalização da racionalização e da aplicação da lei enquanto ciência do direito (lógos), bem como a frequência com que o argumento de autoridade é aplicado (éthos).

É necessário, preliminarmente, diferenciar os juízos de realidade dos juízos de valor. Conforme Chaim Perelmam (1999, p. 167), enquanto os primeiros dizem respeito a afirmações verídicas ou falsas que estão baseadas em processos científicos capazes de verificar tal veracidade; os segundos se traduzem por comportamentos de determinado indivíduo ou grupo, que, portanto, não estão baseados em nenhum critério científico capaz de afirmá-los ou não. Esses últimos, como bem afirma o renomado estudioso, não podem fazer parte de um conhecimento objetivo.

Sendo assim, parece um tanto quanto seguro e sensato, para não dizer salutar, que as decisões proferidas no âmbito jurídico sejam baseadas em juízos de realidade e, portanto, capazes de serem verificados e confrontados com a verdade concreta dos fatos, e não simplesmente em juízos de valores que visam persuadir um auditório sedento por providências, mas nem sempre por justiça.

Analisando o inteiro teor do Acórdão da Ação Penal nº 470, é possível verificar com clareza que existem várias passagens nas quais os respeitados ministros proferem juízos de valores sem a menor carga argumentativa. A título de exemplo, assim expõe o ministro relator Joaquim Barbosa, após o levantamento por um dos advogados da preliminar de incompetência do STF em razão da ausência da prerrogativa de foro privilegiado de alguns dos réus:

> "Ora, **nós precisamos ter rigor ao fazer as coisas neste país**. O mais alto Tribunal do país **decidiu longamente**. Eu não vejo razão, parece-me até irresponsável voltar a discutir essa questão". (Inteiro Teor do Acórdão da AP 470, fl. 51.667). (grifo nosso).

No trecho acima transcrito, o relator responde a uma questão processual e constitucional dizendo "nós precisamos ter rigor ao fazer as coisas neste país" e que o Tribunal já "decidiu longamente". Ora, não há nesta frase qualquer argumento jurídico capaz de refutar a questão levantada por alguns dos advogados dos réus.

Trata-se de um discurso retórico deturpado ante a ausência discrepante do elemento *lógos* e a presença acirrada dos elementos *éthos* e *páthos*, caracterizados essencialmente por sua subjetividade. Portanto, tem-se nesse trecho um juízo exclusivamente de valor e não de realidade, tal como deveria ser.

O ministro relator cita, ainda, a súmula 704 para enfatizar que a questão preliminar de foro já havia sido discutida pelo STF, deixando de considerar que a súmula em questão viola diretamente o Pacto São José da Costa Rica e mesmo a Constituição Federal de 1988, haja vista que permite a atração por continência ou conexão do processo do corréu ao foro por prerrogativa de função de um dos denunciados, ferindo diretamente o princípio do juiz natural, bem como o direito ao duplo grau de jurisdição. Percebe-se, nesta súmula, assim como em inúmeras outras, um modo de facilitar o julgamento pela Suprema Corte, e não uma preocupação de fato com a ordem constitucional.

A alegação de súmulas e leis infraconstitucionais como fundamentação da competência do Supremo Tribunal Federal para julgar a ação em relação aos réus que não possuem prerrogativa de foro privilegiado, parece, no mínimo, contraditória, considerando que se trata de argumentação não constitucional por parte do próprio Guardião da Constituição da República Federativa do Brasil. Como é sabido, não é possível se excepcionar norma constitucional com alegação de norma processual comum, como é o caso das regras de conexão e continência previstas no Código de Processo Penal Brasileiro.

Outro argumento também utilizado pelo então relator é a questão da preclusão da matéria levantada pelo advogado de um dos réus. Conforme já mencionado, a matéria arguida foi a ausência de prerrogativa de foro e consequente incompetência do Supremo Tribunal Federal para julgar a ação em relação a determinados réus, matéria esta que, como bem expôs o ministro revisor Ricardo Lewandowski, é de ordem pública e, como tal, não está sujeita a instituto processual da preclusão. Vejamos:

> Ressalto, inicialmente, que não há falar, no caso, em preclusão do tema, porquanto, em se tratando de matéria de ordem pública, qual seja, a competência de um órgão judicante, é consenso entre os juristas que ela pode ser arguida, analisada ou reexaminada a qualquer tempo. Isso porque a decisão proferida por um órgão incompetente acarreta nulidade absoluta. A possibilidade de reapreciação do tema se abre, em especial, quando ventilado sob um ângulo ainda não apreciado anteriormente, como é a hipótese que ora se apresenta. (Inteiro Teor do Acórdão da AP 470, fl. 51.673).

O ministro Joaquim Barbosa, à margem dos argumentos jurídicos, insinua que o enfrentamento da matéria, naquele dado momento, seria perda de tempo, tendo em vista que o processo já estava em andamento há, aproximadamente, dois anos. Mais uma vez, trata-se de argumento que em muita agrada o jurisdicionado que espera por providências e não pela aplicação do ordenamento jurídico. Vejamos:

> Dialogamos ao longo desses dois anos e meio em que Vossa Excelência é revisor. Causa-me espécie Vossa Excelência se pronunciar pelo desmembramento do processo, quando poderia tê-lo feito há seis, oito meses, antes que preparássemos toda essa...
> Vossa excelência poderia ter me dito, eu traria em questão de ordem. Nós não teríamos perdido um ano de preparação desse julgamento. (Inteiro Teor do Acórdão da AP 470, fl. 51.670).

O magistrado, ao julgar a causa que lhe compete, não pode fazê-lo com base em suas crenças pessoais, não pode impor ao indivíduo a sua justiça, deve ter a capacidade de fazer um julgamento objetivo e racional, embasado em argumentos jurídicos. O convencimento do jurisdicionado deve ser consequência da argumentação e não a finalidade da mesma.

Ainda no que se refere à discussão sobre a aplicação da regra infraconstitucional sobre a prorrogação de competência por continência ou conexão, a ministra Rosa Weber, em seu voto, argumenta no seguinte sentido:

> Em qualquer hipótese, todavia, a tese da Defesa contraria longa tradição jurisprudencial desta Suprema Corte, que sempre afirmou sua competência para julgar crimes conexos e continentes aos crimes praticados por detentores do foro privilegiado. Sua eventual adoção implicaria, igualmente, reflexos na competência de outros órgãos do Poder Judiciário. E ainda: se a conexão e a continência não forem tidas como causa válida de alteração da competência constitucional, revisão também estará a merecer o entendimento jurisprudencial consagrado que a competência do Tribunal do Júri e da Justiça Federal se estendem aos crimes conexos aos dolosos contra a vida e aos conexos aos crimes federais, respectivamente. (do Inteiro Teor do Acórdão da AP 470, fl. 52683-52684).

Percebe-se que o único argumento proferido na passagem acima transcrita é o *éthos*, afirmando a ministra que a questão não poderia ser resolvida de outra maneira, senão pela aplicação da regra de conexão ou continência, tendo em vista que, caso contrário, estaria se contrariando a **tradição** do Tribunal em comento. O Supremo Tribunal Federal deve zelar pela aplicação das normas e princípios constitucionais, e não por suas tradições, devendo ser, estas últimas, a própria tradução da aplicação das primeiras. A afirmação de que a tese da defesa também não prossegue porque suscitaria mudança no entendimento jurisprudencial de que a competência do

Tribunal do Júri e da Justiça Federal se estendem aos crimes conexos aos dolosos contra a vida e aos conexos aos crimes federais, também não faz muito sentido, haja vista que, neste último caso, não se estaria suprimindo o direito ao duplo grau de jurisdição, tal como ocorre no âmbito do Supremo Tribunal Federal.

É necessário que fique claro que a justiça não deve, em hipótese alguma, ser confundida com a vingança ou com a opinião de determinado indivíduo, daí a importância que seja lida sempre à luz da prudência. Buscando evitar tais equívocos, é que o constituinte originário, sabiamente, estipulou a obrigatoriedade da imparcialidade do magistrado.

Nesse mesmo sentido, se manifesta a ministra Rosa Weber, apesar de, em momento distinto, contradizer seu próprio raciocínio a seguir consignado:

> Processo não é vingança. E, por maiores que sejam os urgentes desafios a serem enfrentados pela processualística penal em face da crescente complexidade da sociedade contemporânea – e das novas modalidades de delitos que nela proliferam -, o seu enfrentamento não se faz, como querem os que propagam certas doutrinas pretensamente inovadoras, à custa de flexibilização ou suspensão das garantias que não existem para benefício dos acusados, mas asseguram a racionalidade do próprio sistema. **O direito penal, em um estado de direito constitucional, não aceita seja sacrificada "a liberdade de um homem, de**

> **quem não se tenha verificado a responsabilidade penal, no interesse e na vontade de todos. A única condição da decisão judicial é a verdade empírica induzida pelo processo**. (Inteiro Teor do Acórdão da AP 470, fl.52708 -52709).

Retomando a análise da questão processual de prorrogação de competência, mais adiante, após toda a fundamentação legal, constitucional e jurisprudencial sustentada pelo ministro revisor Ricardo Lewandwski a respeito da incompetência do Supremo Tribunal Federal para julgar os réus que não possuem foro privilegiado, o ministro relator, Joaquim Barbosa, assim se manifesta:

> Volto a dizer: o Ministro Lewandowski, no final da sua fala, de uma certa forma, colocou em questão a legitimidade desta Corte para julgar esta ação penal. Ele disse claramente que os réus estariam em risco por serem submetidos a um órgão jurisdicional que não é competente para julgá-los etc.
> Agora, o que eu pergunto, Senhor Presidente, por que...? (Inteiro Teor do Acórdão da AP 470, fl. 51717).

É cristalina a falta de argumento do respeitável ministro, e a forma como expõe o seu ponto de vista é algo que agrada bastante o público que está esperando por condenação, mas que nada entende sobre os argumentos jurídicos levantados pelas partes. Quando o ministro revisor expõe a incompetência da Suprema Corte, por óbvio, não está dizendo que o órgão em questão é incapaz de fazer um bom julgamento, mas que não tem competência jurídica pra tanto. Não obstante tratar-se de questão técnica de divisão de competência estabelecida pela própria Carta Magna, o ministro Joaquim Barbosa, em uma clara manipulação do que foi levantado, insinua que o ministro revisor duvidou da capacidade do STF de fazer um julgamento adequado. Visível, pois, a presença desequilibrada do elemento *páthos* da retórica proferida pelo magistrado, com o claro objetivo de persuadir o auditório que acompanha o julgamento.

Relevante se faz também a pergunta elaborada ao final de seu parecer, sendo esta, segundo Oliver Reboul, a primeira característica da leitura retórica. Vejamos:

> "Lembremos as regras principais da leitura retórica. Primeiro, ela consiste em fazer perguntas ao texto, dando-lhe todas as oportunidades de responder." (REBOUL, 2004, p. 195)

Em outro momento do processo, quando o plenário deliberava sobre o prosseguimento ou não da audiência naquele mesmo dia, especificamente no que diz respeito à sustentação oral de um dos advogados de defesa, após a proposta do ministro relator Joaquim Barbosa de que a questão deveria ser decidida pela própria defesa, o ministro Celso de Mello mencionou a obrigação de cumprimento do calendário estipulado pelo próprio Tribunal. Em seguida, quando o presidente Ayres Brito aceitou a proposta do relator, o ministro Marco Aurélio interviu dizendo que não se deveria preterir a deliberação do próprio colegiado, o que resultou no seguinte pronunciamento do relator:

> "Não, no meu modo de entender, cabe a ele decidir" (Inteiro Teor do Acórdão da AP 470, fl. 51.968).

Novamente, o ilustre relator profere um parecer vazio de argumentos jurídicos, deixando de considerar em seu discurso, mais uma vez, o elemento racional da retórica, qual seja, o *lógos.* Os julgamentos devem ser realizados sobre uma perspectiva legal, jurisprudencial, doutrinária e, acima de tudo, constitucional, e não embasado no entendimento pessoal do julgador, sob pena de suprimir um dos princípios basilares do Estado Democrático de Direito – a Segurança Jurídica. Nesse ponto, verifica-se, com ênfase, a sobreposição do elemento *éthos.*

O argumento que provém do éthos é essencial para transmitir ao auditório - no caso, o jurisdicionado – a confiança no orador, a admiração, a predisposição para acreditar em tudo o que é proferido, mesmo que desprovido de racionalidade, trata-se de um elemento afetivo. Nesse sentido, esclarecedora se faz a definição de Oliver Reboul:

> "O etos é o caráter que o orador deve assumir para inspirar confiança no auditório, pois, sejam quais forem seus argumentos lógicos, eles nada obtém sem essa confiança." (REBOUL, 2004, p. 48)

O fato de ocupar uma cadeira no mais alto Tribunal da República, não exime o julgador de cumprir o que está na Constituição Federal, não o autoriza proferir decisões com base em suas opiniões.

Dito isto, válido se faz diferenciar verdade de opinião, conforme sabiamente expôs o renomado estudioso Chaim Perelman:

> Faz parte da tradição, e não somente em filosofia, opor a verdade às inúmeras opiniões, a realidade às diversas aparências, a objetividade às impressões fugidas. A verdade, a realidade e a objetividade devem permitir dirimir o debate, distinguir o falso do verdadeiro, a ilusão do que é conforme ao real, a alucinação do que é conforme ao objeto. A verdade, a realidade e a objetividade traçam o caminho reto do conhecimento e nos alertam contra todas as divagações. Elas fornecem a norma à qual convém submeter as opiniões, as aparências e as impressões, cujo estatuto é equívoco, e incerto o fundamento, pois são ao mesmo tempo fonte de saber e de erro. (PERELMAN, 1999, p. 359).

O ser humano, de modo geral, como bem se extrai da experiência diária e da própria história registrada, é envolvido por suas emoções e, na maioria das vezes, age guiado pelo imediatismo decorrente de determinada situação. Os elementos subjetivos da retórica visam explorar justamente esse espaço, no qual a verdade se confunde facilmente com a opinião. O fato é que a emoção, quando explorada no momento certo e quando encarada como tal, é algo louvável e essencial à vida humana, porém, quando compreendida como a própria razão, é bastante perigosa e resulta em equívocos irreparáveis, principalmente quando se considera que o equívoco em questão irá refletir na liberdade de um indivíduo, como é o caso do julgamento em análise.

Os réus Enivaldo Quadrado e Breno Fischberg chegam, inclusive, a alegar, em sede de alegações finais, que o ministro relator não estava julgando o processo em comento com a imparcialidade devida, afirmando que o mesmo estaria agindo de forma parcial na condução da Ação Penal (fls. 46.749-46.755). Mais a frente, quando a questão foi novamente enfrentada, o advogado dos réus ora citados, pediu a palavra para se manifestar e o ministro relator assim se pronunciou:

> Eu não defiro, porque sua Excelência teve a oportunidade de fazer as suas sustentações orais. Escondeu do grande público as ofensas que fez a mim nas sustentações orais, mas essas ofensas continuam aqui, eu as trouxe, caso a Corte queira

> ouvi-las em sua inteireza. Essa é a minha opinião. (Inteiro Teor do Acórdão da AP 470, fl. 52072).

O ministro relator afirma que o advogado em comento "escondeu do grande público" as ofensas que foram a ele dirigidas. Percebe-se nesta expressão uma forte apelação emocional no que tange ao jurisdicionado. O ministro em comento eleva a discussão exclusivamente de direito ao patamar de ofensa pessoal, a fim de desacreditar os argumentos do advogado e, concomitantemente, jogar contra ele todo o público que acompanhou o julgamento. Ora, trata-se de uma questão levantada contra o julgador e não contra a pessoa que o representa, logo, os argumentos de defesa do ministro deveriam ser jurídicos.

O relator continua:

> "Vossa Excelência pensa que não agrediu a mim. Pode não ter agredido a mim, mas agrediu a esta Corte, agrediu a este país." (Inteiro Teor do Acórdão da AP 470, fl. 52073).

Dizer que a questão ofende a toda Corte e ao país também é um recurso claramente endereçado às paixões do jurisdicionado, com o objetivo de sensibilizar os ouvintes. A Suprema Corte não é inatingível, é passível de erros como qualquer outro órgão do Judiciário, mesmo porque é composta por seres humanos e como tal sempre estará sujeita a falhas. Argumentar contra a imparcialidade de um dos ministros não ofende a Corte e, menos ainda, o país.

Diante da alegação do advogado de que o relator estaria atuando de forma parcial no processo, o ministro em questão propôs a remessa de representação à Ordem dos Advogados do Brasil, o que não foi endossado pelos demais ministros. O voto do ministro Marco Aurélio, por sua vez, é interessante no que tange ao desequilíbrio do discurso retórico, haja vista que eleva a figura pessoal do julgador questionado e enfatiza a importância da imagem que este passa à sociedade brasileira. Vejamos:

> "Não é? Em passo seguinte, qual seria a expressão, que não vejo, a consubstanciar algo a alcançar o perfil que a sociedade brasileira tem do relator?" (Inteiro Teor do Acórdão da AP 470, fl. 52081).

Ainda a respeito deste tema, após o não endossamento por parte dos ministros do encaminhamento de representação à Ordem dos Advogados do Brasil, o ministro relator assim expõe:

> Senhor Presidente, cada país tem o modelo e o tipo de Justiça que merece. Justiça que se deixa agredir, se deixa ameaçar por uma guilda ou membro de uma determinada guilda, já se sabe qual é o fim que lhe é reservado. Eu lamento que esse país... (Inteiro Teor do Acórdão da AP 470 fl. 52103).

Apesar de ter sido superada a discussão da questão levantada, no debate realizado entre os ministros, o relator ainda insisti, dizendo:

> Pois bem. O que quero dizer é que lamento muito que nós, como brasileiros, tenhamos que carregar ainda certas taras antropológicas como essa do bacharelismo, não é? A Corte Suprema do país, diante de uma agressão clara contra um dos seus membros, entende simplesmente que isso não tem nenhuma significação. (Inteiro Teor do Acórdão da AP 470, fl. 52103 - 52104).

O ministro relator Joaquim Barbosa após constatar que a questão não seria encaminhada à Ordem dos Advogados do Brasil, se insurge contra a Justiça Brasileira e contra o próprio bacharelismo, o que é algo bastante corriqueiro de se ouvir na voz do senso comum.

O magistrado, ao dizer isto, se identifica com o público (*páthos*), se coloca ao lado de milhões de brasileiros que compartilham desse sentimento. Marcante se faz aqui também a presença do *éthos*, que é um termo moral (ético), que visa definir o caráter do orador e, consequentemente, conquistar a simpatia do público. (REBOUL, 2007, p.48). Ao fazer isso, ele se coloca próximo à realidade do jurisdicionado, ele se porta como um mero cidadão que possui sede de justiça e está ansioso para concretizá-la. E este é seu grande erro, não o fato de clamar por justiça, mas de não saber encará-la de forma objetiva e imparcial, como deve fazer enquanto julgador e guardião da Constituição da República Federativa do Brasil. Se assim não fosse, não se precisaria de Judiciário, não se precisaria do Estado atuando como Terceiro imparcial.

> Quando o desejo de vencer, de deixar o adversário embaraçado e de fazer o ponto de vista pessoal triunfar constitui o único móbil dos interlocutores, encontramo-nos diante do gênero mais afastados das preocupações filosóficas, o qual recebeu o nome de diálogo erístico. No torneio erístico, trata-se unicamente de vencer o adversário, o que implica uma completa indiferença pela verdade. (PERELMAN, 1999, p.50).

Julgar conforme a vontade do jurisdicionado não é algo que está dentro das funções do julgador, não se trata de decisões políticas, mas de decisões jurídicas, que devem respeito ao ordenamento jurídico brasileiro, e não à vontade do povo e nem às crenças de um indivíduo. O magistrado não deve se preocupar em fazer valer a sua opinião ou a opinião da maioria do jurisdicionado, mas em fazer valer a verdade dos fatos que é até ele levada, isto é, sua função não é julgar conforme a ética e a moral individual, mas conforme os valores que foram incorporados à Carta Magna.

O argumento utilizado pelo ministro relator pode ser identificado com o que se denomina 'lugar-comum" – amplamente utilizado em um discurso retórico desequilibrado e com claro objetivo persuasivo – que são máximas incorporadas à sociedade e consideradas, de forma generalizada e sem nenhuma reflexão, como verdadeiras. Segundo Oliver Reboul (2007, p.52), tal expressão se aplica a qualquer modelo de argumentação e se traduz em mera "opinião banal expressa de modo estereotipado".

Este discurso carregado de subjetivismo e emoções é justamente aquele que tem por finalidade a persuasão e não a convicção, aquele que visa passar para o auditório ao qual se dirige o que sua alma anseia. A fim de melhor compreender, válida se faz a leitura da abordagem realizada por Chaim Perelman (1999, p.59):

> Para quem se preocupa sobretudo com o resultado, persuadir é mais do que convencer: a persuasão acrescentaria à convicção a força necessária que é a única que conduzirá à ação. Abramos a enciclopédia espanhola. Dir-nos-ão que convencer é apenas uma primeira fase – o essencial é persuadir, ou seja, abalar a alma para que o ouvinte aja em conformidade com a convicção que lhe foi comunicada.

Nessa mesma esteira, enriquecedora se faz também as palavras de Kant *apud* Chaim Perelman (1999, p.60):

> A crença (*das Füwahrhalten*) é um fato de nosso entendimento suscetível de repousar em princípios

> objetivos, mas que exige também causas subjetivas na mente de quem julga. Quando é válida para alguém, pelo menos na medida em que este tem razão, seu princípio é objetivamente suficiente e a crença se chama convicão. Se ela só tem fundamento na natureza particular do sujeito, chama-se persuasão.
> A persuasão é uma mera aparência, porque o princípio do juízo que está unicamente no sujeito é tido como objetivo. Por isso um juízo desse gênero só tem uma valor individual e a crença não se pode comunicar.

Pelos ensinamentos de Kant, a persuasão não se confunde com a convicção, porque enquanto a primeira diz respeito à opinião do indivíduo, a segunda tem roupagem de objetividade e razão. (PERELMAM, 1999, p. 61).

O discurso jurídico não deve ser desprovido de persuasão, ele apenas não pode fazer desta o seu principal objetivo. A persuasão é um elemento extremamente necessário na convicção, mas deverá ser sempre secundária quando se trata de discursos lógicos e racionais que devem se basear na verdade, e não na opinião e nas paixões individuais.

Retomando a análise dos votos, interessante também se faz destacar a abordagem feita pela ministra Rosa Weber no que diz respeito à prova processual, principalmente no que tange a valoração dos indícios. Vejamos:

> A potencialidade do acusado de crime para falsear a verdade implica o maior valor das presunções contra ele erigidas. Delitos no âmbito reduzido do poder são, por sua natureza, vista da posição dos autores, de difícil comprovação pelas chamadas provas diretas. Daí a visão particular do nível de convencimento da prova no processo, bem sopesados e considerados todos os meios probatórios, diretos e indiretos, em Direito admitidos. (Inteiro Teor do Acórdão da AP 470, fl. 52710).

A ministra admite claramente que a posição ocupada pelos réus justifica um julgamento baseado em presunções e indícios e, ao fazer isso, aplica um direito penal do autor às avessas. Ora, não se trata de verificar quem tem mais ou quem tem menos poder, não se trata de verificar quem tem mais ou menos influência, se trata de condenar ou não um indivíduo com base nas provas contidas nos autos. A única presunção que é admitida é a inocência do réu, logo, este tipo de raciocínio é a própria antítese do princípio consagrado constitucionalmente.

Dito isto, é de grande valor a leitura de Chaim Perelman (2004, p. 361):

> A evidência não pode sofrer nenhuma variação, nem no espaço nem no tempo, e não pode depender das características individuais da mente. Será a mesma para cada qual, seja qual for seu

> temperamento ou sua formação, sua idade ou sua pátria; todos esses elementos subjetivos e variáveis, que diferenciam os homens, constituem obstáculos para o exercício dessa faculdade invariável presente em casa ser humano normalmente constituído, que é a razão.

Um julgamento jurídico não deverá se pautar em presunções, mas em verdades. A presunção pode direcionar o julgamento, mas nunca se deve esquecer que ela só se tornará aceitável para defini-lo se transformar-se em verdade, isto é, se for provada, quando deixará, então, de ser presunção. A verossimilhança nada mais é do que a presunção com aparência de verdade e, por esse motivo, também deve ser analisada com cuidado e deverá ser aplicada de forma restrita para decisões sem o caráter de definitividade, caso contrário, ter-se-ia um discurso persuasivo, e não convicto.

Olivier Reboul (2004, p. 165). expressa com exatidão o problema que gravita em torno da presunção:

> [...]a presunção varia segundo os auditórios e as ideologias. Assim, para um conservador, o costume não precisa ser justificado, e sim a mudança. Para um liberal, o que não compete justificar é a liberdade, mas sim a coerção. Para um socialista, a igualdade é de direito, cumprindo justificar a desigualdade. O orador, portanto, precisa conhecer as presunções de seu auditório.

Como bem se observa, a presunção é um instrumento que deve ser visto tal como é, relativo e passível de contestação. O erro não é utilizá-la, mas utilizá-la como se verdade fosse, é este o problema que deve ser enfrentado. Mais uma vez, tem-se a predominância de argumentos retóricos subjetivos – *páthos e éthos* – que visam atingir o ouvinte e saciar sua sede por justiça, justiça esta desprovida de prudência e de objetividade.

Em seguida, dando continuidade ao seu raciocínio, a ministra Rosa Weber alega:

> Quanto à aptidão da prova indiciária para embasar o juízo condenatório, relembro de início que vigora, no Direito brasileiro e no Direito Contemporâneo em geral, o princípio da persuasão racional ou livre convencimento motivado, como explicita o art. 155 do Código de Processo Penal, a afastar qualquer sistema prévio de tarifação do valor probatório das provas. (Inteiro Teor do Acórdão da AP 470, fl. 52710).

A ministra argumenta com base no princípio da persuasão racional que, de fato, é reconhecido pelo ordenamento jurídico brasileiro, mas que não deve ser encarado de forma absoluta. Primeiramente, é de suma relevância observar que todo princípio deve ser interpretado de forma relativa, sempre à luz da razoabilidade e da proporcionalidade. No caso em comento, o principio da livre persuasão racional colide diretamente com o princípio da presunção da inocência, não devendo este último ser preterido em relação ao primeiro. Alega, ainda, que, conforme o art. 155 do Código de Processo Penal Brasileiro, todas as provas possuem o mesmo valor. Porém, o seu raciocínio implica na afirmativa de que o indício possui o mesmo valor que a prova, e isto não prossegue. Percebe-se que, apesar de seu discurso ter embasamento jurídico, ele manipula a interpretação do mesmo e eleva o princípio que permite ao magistrado uma maior discricionariedade em sua decisão (éthos), deixando de fazer uma leitura sistemática do ordenamento.

Os indícios devem gerar presunções e não condenações, e as presunções não devem, em hipótese alguma, embasar uma condenação, sob pena de suprimir garantia fundamental, constitucionalmente assegurada. As presunções, como bem se extrai da experiência, bastam para que o auditório (*páthos*) condene um indivíduo, mas não devem bastar para o magistrado enquanto terceiro imparcial.

> As presunções têm função capital, pois constituem o que chamamos de "verossímil", ou seja, o que todos admitem até prova em contrário. Por exemplo, não está provado que todos os juízes são honestos e competentes, mas admite-se isso; e, se alguém desmente em tal ou tal caso, cabe-lhe o ônus da prova. O verossímil é a confiança presumida. (REBOUL, 2004, p. 165).

O que se verifica nas decisões e debates jurisprudenciais contemporâneos é um discurso cada vez mais subjetivo e discricionário. Vivencia-se um momento histórico tão extremo quanto o positivismo jurídico defendido por Kelsen. Enquanto o positivismo jurídico consiste em uma teoria pura do direito, na qual este jamais deve ser confundido com a moral ou com a justiça, mas identificado com a própria letra da lei, o momento que se presencia, hodiernamente, é a perda de espaço do texto legal para uma ampla interpretação (individual e parcial) do magistrado, que coloca em risco o devido processo legal e a Segurança Jurídica.

CONCLUSÃO

A aplicação da retórica nos discursos das mais diversas espécies é algo de suma relevância, haja vista que proporciona aos mesmos uma completude e uma complexidade que dificilmente seria alcançada com a sua ausência.

Como foi demonstrado, não se pode deturpar o significado da retórica em razão de sua má utilização, pois o problema gravita em torno dos fins que se almeja com o seu uso, e não em torno do instrumento em si, ou seja, o que vai defini-la, no caso concreto, como boa ou má é o orador do discurso que a maneja.

A falta de equilíbrio de seus elementos (*éthos, páthos* e *lógos*), no discurso proferido, é justamente o que a torna pejorativa e fraca enquanto argumento. A predominância dos elementos subjetivos – *éthos* e *páthos* – foi o motivo pelo qual esta foi repugnada por Platão e por muitos outros filósofos que compartilhavam do mesmo entendimento.

Observa-se nas decisões judiciais contemporâneas, principalmente na ação penal nº 470, aqui analisada, um visível desequilíbrio dos elementos retóricos, com forte predominância do *éthos* e do *páthos* e, consequentemente, com o preterimento do elemento objetivo – *lógos.*

Este desequilíbrio ameaça de maneira direta os pilares do Estado Democrático de Direito – o princípio da

Segurança Jurídica e a própria Separação dos Três Poderes, isto porque confere ao magistrado uma discricionariedade indevida, que ultrapassa os limites do princípio da livre persuasão racional.

O subjetivismo que impregna as decisões da Suprema Corte está tornando-as cada vez mais políticas e menos jurídicas, vez que considera mais a opinião do jurisdicionado do que a aplicação da Constituição da República Federativa do Brasil.

Ora, é necessário que se repense a aplicação do ordenamento jurídico, bem como que se reveja o conceito de justiça à luz da virtude da prudência, de modo a evitar um retrocesso do sistema jurídico brasileiro. É necessário também que os Tribunais e os aplicadores do Direito em geral não se deixem influenciar por pressões populares e midiáticas, pois a função destes é atuar como Terceiro Imparcial, e não como justiceiros.

REFERÊNCIAS BIBLIOGRÁFICAS

ARISTÓTELES. Aristóteles, Vol. II. Ética a Nicômaco. Poética. 4.ed. São Paulo, SP. 1991.

BRASIL. Supremo Tribunal Federal. Inteiro Teor do Acórdão da Ação Penal 470 Minas Gerais. Ministro Relator: BARBOSA, Joaquim. Publicado no site do Supremo Tribunal Federal em 22 de abril de 2013. p. 1 a 8405 (fls. 51616 a 60020). Disponível em: ftp://ftp.stf.jus.br/ap470/InteiroTeor_AP470.pdf. Acessado em: 07-01-2016.

MEYER, Michel. A Retórica. 1.ed. São Paulo, SP. 2007

PERELMAN, Chaïm. Ética e Direito (*Éthique et Droit*). 1.ed. São Paulo, SP. 2002.

PERELMAN, Chaïm. Retóricas (*Rhetoriques*). 1. ed. São Paulo, SP. 1999.

REBOUL, Oliver. Introdução à Retórica (*Introduction à la Rhétorique*). 2.ed. São Paulo, SP. 2004.

www.ingramcontent.com/pod-product-compliance
Ingram Content Group UK Ltd.
Pitfield, Milton Keynes, MK11 3LW, UK
UKHW021938190726
13853UKWH00004B/1525

9 786583 134479